ヘドロパパの
ヨメイゲン
YOMEIGEN

2丁拳銃
小堀裕之

小学館

僕の嫁さんは
おもしろい人でして
時々訳の分からない言葉を放つ

僕はこれを
嫁の名言（迷言？）で
「ヨメイゲン」と呼んでいる

「小堀家の面々を紹介します。左上の僕、小堀裕之から時計回りに、長男・央人（おと／高校2年生）、次男・響己（ひびき／中学1年生）、長女・愛歩（いとほ／小学4年生）、三男・暖季（はるき／幼稚園年長）、嫁の真弓です」

目次

第1章

ヨメイゲン01

YOMEIGEN

嫁さんは　保育士だったこともあり　子供が大好きで　結果　おかげさまで　4人の子宝に恵まれた

少子化　少子化と騒がれているこのご時世　4人も子供がいるとなると　よく褒めていただける

褒めていただけることは　単純に嬉しいことではあるが　ただただ　大変だった・・・

嫁さんは　高校の同級生で11年お付き合いしてからの結婚・・・レス加減・・・プレッシャー・・・

1人目から　大変でした

子供なんてすぐ出来る　なめてました・・・

とはいえ　8か月かかりましたが　待望の第一子　長男誕生　嫁さんは　子供に首ったけ

僕へのアタリも　随分落ち着き　平和なひと時が続きました

僕自身が一人っ子ということもあり　子供も一人で十分だったんですが　嫁さんは　違った・・・

嫁さんは　どうやら2歳までの　子供が得意らしく　３歳ぐらいになると　次の赤ちゃんが欲しく
なるタイプの人らしい
長男が３歳になったあたりで　２人目の子作り開始　４か月程度で妊娠　無事第二子　次男を出産
また平和なひと時が訪れました
でもやはり次男が３歳を迎える頃　嫁さんが　欲しがるのです　しかも
「わたし　女の子が欲しい　女の子が生まれるまで　産み続ける！」
と　恐ろしい宣言・・・僕はがんばりました（笑）
嫁さんも産み分けの本など読んでました　それを渡され読まされました・・・　大変でした・・・
やはり　子作りには　排卵日を特定することが重要のようですね　その当時　嫁さんが排卵検査薬
を試して
滅多にメールをしてこない嫁さんから僕にメールしてきた時のメイゲン

「陽性出た！ すぐ帰れ！」

何か「チチキトク スグカエレ」みたいで嫌でした

ヨメイゲン 02

YOMEIGEN

僕が家のリビングで座椅子にもたれながら明石家さんまさん主演のスペシャルドラマ
「さとうきび畑の唄」を観ていた時の話
僕はそのドラマに感動して号泣してしまった
普段あまり家でテレビを観なく　子供の面倒もみない
家庭をかえりみない僕が　作りものであるドラマの「さとうきび畑の唄」を観て
心を動かされ泣いていることに　腹を立てた嫁さんが
僕とテレビの間に立ちはだかり　グッと顔を近づけて　言い放ったメイゲン

「現実！」

僕はその「ヨメイゲン」により現実に連れ戻され
涙も一瞬で
ひいてしまった

ヨメイゲン

03

YOMEIGEN

僕は今芸歴27年目の芸人で後輩もたくさんできました
もちろんたくさんの先輩方にもお世話になっております
そんな中わりと僕は結婚が早く（27歳の時）翌年には央人《おと》（長男）が生まれた
そして４人の子供・・・
いろんな先輩方にお祝いをいただき　同期や後輩からも祝っていただきました
ありがたい話です
しばらくして後輩が結婚したり出産したりが続いた
僕たち家族は今までしていただいてきた分していかないと・・・
でも続き過ぎたなぁ
そのせいもあって家が経済的にかなりピンチな時があった

そんなところにまた　ある後輩からの　結婚パーティーの招待状が届いた
祝ってあげたい　でも　お金がない・・・
かっこ悪く　困っている僕・・・
どこの奥さんもそうなんでしょうが　うちの嫁さんも例にもれず　お金にうるさく
僕の収入が不安定なため　切り詰めて　生活してくれていて
フリーマーケットで600円で買った服を平気で着ている人だ
そんな人に　急な3万円の出費はイタイ・・・
嫁がヤケクソのテンションで　めでたい後輩の結婚パーティーの招待状を　持って走り回って
言ったメイゲン

「赤紙や！」

後輩の結婚パーティーの招待状を
「戦争に行け！」の赤紙と一緒にしたらあかん！
まぁ気持ちは分かるけど・・・

ヨメイゲン

04

YOMEIGEN

うちの嫁さんは僕の携帯を決して見ない
見なくなった

かつて見られた事があり　こりたのでしょう

実は昔　僕が携帯を忘れて仕事に行った時
嫁さんは僕の携帯を見たことがある

その時　勉強になったのだが送信のボックスを見るんですね（笑）
受信ボックスではなく　送信ボックス・・・

相手側の甘い言葉より　僕側のＳめいた言葉に嫁さんは怒っていた
勉強になった・・・

僕は「携帯を見た！」という「プライバシーの侵害」という一点だけの逆ギレで
その場をしのぎ難を逃れた
長男が生まれる前の話である
そんな経験からか　嫁さんは僕を詮索しなくなった

それから何年か経ち　長男が４歳ぐらいになった時か・・・
僕がお風呂に入っている時　長男央人が僕のカバンを触りだした
ただの興味本位だったたと思う　そんな長男を嫁さんは怒鳴りつけた
その時に嫁さんが言ったメイゲン

「そこには絶望しか入ってない！」

いや、ネタ帳とかも入ってますけど・・・
絶望ですか・・・？

ヨメイゲン

05

YOMEIGEN

うちの嫁さん　ほんとに詮索しなくなったんです
ほんとに細かく聞いてこない
僕が浮気してるなんてどうでもいいんでしょうか？
子供が４人もいれば　それどころじゃないんでしょうか？
変な「容認」なんですかね
ただ　一日１回電話はかかってくるんです
「昨日何してたん？」必ず昼過ぎに・・・

「打合せ終わりに寝てもうた」

「ほんま!?　なんでもええけど・・・」

こんな会話で落ち着く感じ

ある時　いつものように嫁さんから電話が鳴った
僕は仕事に行く道すがら電話を取った
「今どこ？　昨日何してたん？」
いつもの質問に答えようとした時　たまたま近くにいた通りすがりの家族連れの赤ちゃんが
「ケラケラケラ」と笑った

それを聞いた嫁さんが
「何　今の子供の声？」
僕の「いや　ちゃうやん　たまたま後ろにいた家族連れの子供の声やん」
の　声も聞かず言った嫁さんのメイゲン

「そこまでは許してない！」

いや　人ん家の子やし・・・　どこまで許してんのか知らんけど・・・

ヨメイゲン

06

YOMEIGEN

こんな僕でもたまには子供を連れて公園に遊びに行くこともある
正確に言うと嫁さんにめちゃくちゃ怒鳴られて行かされている
月１度あるかないか程度・・・
ある日一番下の子が２歳の頃
珍しく僕が家でゆっくりしていると例のごとく嫁さんが
「たまには暖季《はるき》連れて公園行ってきてよ！」
と　きた
「仕事のメールせなあかんから無理や」と言ったが
先程と同じセリフを倍の音量で言ってきた
観念した僕は全く僕になついていない２歳の暖季を連れて

近所の公園に遊びに行った
変な距離感のある公園の親子
はたからみても滑稽な風景だったと思う・・・
そんな中　仕事のメールが容赦なく来る
暖季を砂場で1人で遊ばせ　メールに応えていた
少し遊んでは僕の様子をうかがいに来る暖季
「砂場で遊んできなさい」と言いメールでやりとりしていた
ある程度時間が経ち2人家に帰った
「ありがとうパパ」珍しく機嫌のいい口調で嫁さんが言った
意外とチョロいもんだなと思って家でもメールのやりとりを続けていた
しばらくして暖季の様子をみて激怒しながら言った
嫁さんのメイゲン

#「全然、暖季《はるき》疲れてへんやん！」

嫁さんいわく　公園は子供を疲れさせに行くところらしい

ヨメイゲン
07
YOMEIGEN

嫁さんとは高校の同級生で　高1の時同じクラスで　高2の夏から付き合い出した
付き合った瞬間から「この人と結婚する」ということは何となく確信していた
嫁さんは今では考えられないぐらいヤキモチ焼きだった
休み時間　僕のクラスに遊びに来て　僕がクラスの女子と話していると　怒っていた
今では本当に考えられない
僕は「この人と結婚する」という確信を盾にめちゃめちゃ浮気をした
そしてそのすべてが嫁さんにバレた
よって　あのような「モンスター」に仕上がった
2丁拳銃としてデビューしてしばらくし　嫁さんが言ったメイゲン

「コンパで知り合った子と一晩だけならいい」

なんて寛大な・・・
ありがとうございます

2丁拳銃としてデビューして5年ぐらい経った時に言った嫁さんのメイゲン

「同じ子と2年以上会うのやめて」

何て寛大なお言葉
ありがとうございます

2丁拳銃が東京に進出して嫁さんと結婚前の遠距離恋愛状態の時に言ったメイゲン

「山手線の内側の人はやめて」

えっ？　山手線の外側やったらええのん？

ちなみに

僕の家　山手線の外側やけど・・・

僕と嫁さんが結婚してすぐの頃言った嫁さんのメイゲン

「風俗なんて　散髪行くのと一緒！」

ん～　確かにサッパリするという点ではそうやけど・・・

ヨメイゲン

08

YOMEIGEN

ほとんどの旦那さんは家では　あまり喋らないというのが普通だと思う
家に帰ってきてはリビングでボーッとテレビを観ている
そんなところへ奥さんが今日あったことをダラダラと話し
その話に適当な相づちを打つ
これってあるあるですよね？
芸人がプライベートではおとなしい　これもあるあるですよね？
僕もそうです
長男が生まれて1年ほど経った時
嫁さんは怒りだした
いつものようにリビングでボーッとテレビを観ていると

「ちょっと　何よ　全然喋らへんな」
結構な声のボリュームだったので余程たまっていたのだろう
僕はビビりながらもいつもの生返事でいなしていた
すると嫁さんは続けた
「百分も漫才できんのに　家では1分も喋らへんやん」

2丁拳銃はこれぐらいの年から百分間ノンストップで漫才をする
「百式」という画期的なイベントをスタートさせ　いまだに毎年1回やり続け
今年18年目になる（素晴らしい）

その初回を観にきての発言だろう
その後続けた嫁さんのメイゲン

「今から百分間　漫才して！
よーい　はい！」

と言って　目の前で手を叩いた
僕はきれいな
「なんでやねん！」を言った

ヨメイゲン 09

YOMEIGEN

そんな会話が続きまた僕は生返事で嫁さんの説教をいなしていた
嫁さんはそんな僕を諦め　食器を洗いだした
僕は難が去ったことにホッとし　ウトウトしだした
嫁さんはそれにより　また怒りが復活したのだろう　寝ている僕の顔をビンタしてきた
僕は結構な声のボリュームで
「何してんねん！　寝てる旦那の顔ビンタするって、どういうことやねん！」
嫁さんは一ミリもビビらず僕の顔に自分の顔を近づけ　軽く指をさして言ったメイゲン

お前は演出家か!?

「よー覚えとき
それが生きてる言葉や!」

ヨメイゲン

10

YOMEIGEN

このようなやりとりが続く毎日・・・
その理由の一つに　僕より１年遅れで東京に出てきた嫁さんに　友達はいなかった
話し相手が僕しかいない　気持ちは分からなくないのだが　そんな時期　仕事から帰ってきた僕に
よく
「うちはあんたが家に帰ってきてからが勝負や！　あんた家に帰ってきたらゴールや思ってるや
ろ？　違うでスタートやで！」
と熱弁していた
その後　続けて言った嫁さんのメイゲン

「わたしにはスタートや！
あなたにはゴールでも・・・」

お前は
J-WALKか！

ヨメイゲン 11

YOMEIGEN

嫁さんは節約家で本当にお金を使いたがらない
ケチと言えばそれまでですが・・・
特に自分に関しては使わない
服なんてフリーマーケットで買った物が多い
一度「これ450円でフリマで買ってん！」
と自慢されたトレーナーの胸元に「lease（リース）」と書いてあった
僕は「誰が借りんねん」と突っ込んでやりました
家族の散髪代も節約して　嫁さんが切っている
ただ自分の散髪はさすがにできなくて　よくおざなりになっていた
放置した自分の髪型を僕にみせつけ言った訳の分からないメイゲン

「わたし タンスみたいな
髪型なってきた！」

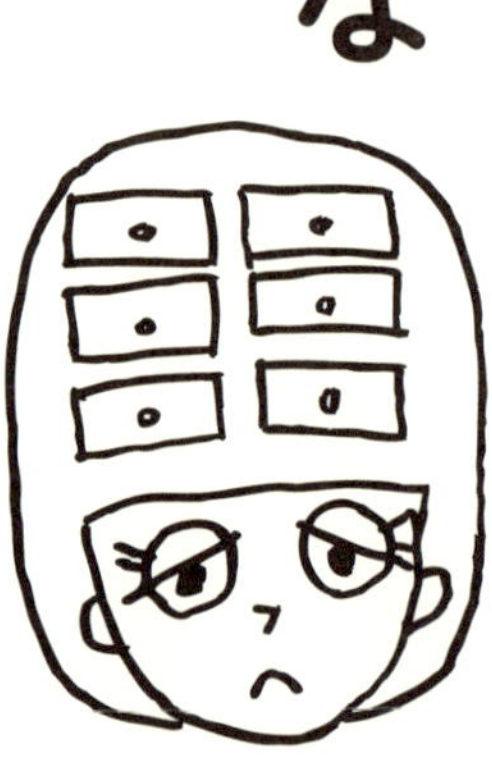

分からない・・・・
いまだに
分からない・・・・

ヨメイゲン

12

YOMEIGEN

家に帰らないということで有名な僕ですが
家のいざという時はがんばる僕なのです
それがあるから許せてもらえているのでしょうか・・・
特に大事な任務が　急病の子供を病院に連れて行く
この案件は本当に頼まれる
本当に大事な任務です
3番目の子　長女愛歩《いとほ》9歳に蕁麻疹が出た時　発熱もあり病院に連れて行くことに
4人の子供それぞれの急病の時　僕がよく行っている病院なのでお医者さんとも顔見知り
気心の知れた仲でもある
僕のテレビでのキャラも知っている感じ　そんなことよりこの病状・・・

お医者さんが言うに「アレルギーではないか?」ということで血液検査に
血液型がまだ分かっていない長女愛歩の血液型もついでにみてもらおうと思いお願いした
血液型の結果は1週間後分かると言われその日は帰った
1週間後血液型を聞きに行ったのは嫁さんでした
「娘の血液型は?」と聞いたところ「B型です」との答え
唯一の一人娘の血液型はB型ではない方がよかったと思ってたらしく 軽く凹んでいた
そんな嫁さんに先生は「大丈夫? 旦那さんの血液型と合ってます?」とかまされたらしい
嫁さんは全開の愛想笑いで「大丈夫です~」と答えた その夜 僕に愚痴った、本当はお医者さんに言いたかった メイゲン

「誰に言うてんねん！わたしは大丈夫や！」

ん・・・わたしは大丈夫や！・・・？
僕も大丈夫です・・・

ヨメイゲン

13

YOMEIGEN

僕は最近（2019年初夏）クズ芸人としてテレビに出さしていただいている　家に帰らないダメでクズな父親（ヘドロパパ）

本業のお笑いより弾き語るコメディシャン（コメディアン＋ミュージシャン）愛人が8人から12人に増えた（あくまでもファンタジー）など　決してよいイメージではないテレビ出演　ただビッグな番組で　司会者と絡ましていただいた　嫁さんは　やはり現実逃避の人で僕のそういったファンタジー話を目にしたくない　耳に入れたくないらしい　今までも僕の出演した番組を観てもらえない・・・　僕も　嫁さんも　そういったことに慣れていたつもりであった　しかし最近のテレビの出演の仕方に軽く愚痴っていた・・・　そんな中「さんまのお笑い向上委員会」に出演させていただき　収録後帰ってきた夜

嫁さんが僕に言ったメイゲン

「勝手にわたしの好きな
番組に出んといて！
観られへんやん！」

ごめん・・・・
ん・・・
ごめん・・・？

ヨメイゲン

14

YOMEIGEN

僕が40歳になる頃言われた　つくづく嫁さんの肝っ玉母ちゃんぶりを感じた名言
僕は　全然肥らなく　デビュー当時から　ほとんど体型が変わっていない　25年程前に作ったスーツが　今でも着れてしまっている　毎日っていうぐらい　お酒も飲んでいる　でも肥らない・・・どっか悪いのかなぁ・・・皆からはうらやましがられる　悪い気はしない　年々ちょっとずつ肥っていく相方に
「ツッコミは肥ったらアカン！　説得力なくなる！」
なんて　嫁さんに陰口を叩いたりしていた　そんな僕が　最近　ほんの少し肥った・・・　ほんまに少し・・・ショックだった　お風呂に入る前　脱衣場で　ちょっとだけ　ポッコリしたお腹を気にして落ち込んでると　それをみて言った嫁のメイゲン

「料理のうまいいい娘出来たん？」

僕のお腹は
新婚さんがよくなる
幸せ肥りなん？
それを嫁さんが言う？

ヨメイゲン

15

YOMEIGEN

央人《おと》が小学校5年生の時ハマっていたのがスマートフォンのゲーム「にゃんこ大戦争」なんです
僕もハマってしまい　親子でワイワイやっとりました　僕だけいまだにやっとります　共通の趣味を持つのは　よいことですね
ただスマートフォンは　その当時　家族で僕しか持っていなかったので　僕が家にいないと　央人は「にゃんこ大戦争」が出来ないのです　家から電話が鳴ることが多く　出てみると央人が「パパ今どこ？　いつ帰ってくるの？」
結婚当初　嫁さんからそんな電話が　よくあり　うっとうしかったのを思い出した・・・　央人は22時には寝るのでギリギリまで僕（スマートフォン）を待ってる　無理なら朝5時30分に起きてきて「にゃんこ大戦争」　僕が朝方6時30分ぐらいに帰った時　央人はリビングで起きて　僕を待っていた・・・　そんな僕を待つ央人のことを見て言ったメイゲン

「愛人みたいに待ってたで！」

我が子にそんなたとえする・・・

ヨメイゲン

16

YOMEIGEN

長男央人が3歳の頃の話
嫁さんは初めての我が子に慣れないながらも楽しみながら向き合っていた
長男というものは嫁さんにとっては恋人に近い存在でもあるらしく
僕の負担は軽減されていた
長男と嫁さんのじゃれあいを対岸の火事のように傍観していた
そんな時　央人が何気なしに嫁さんの顔をビンタした
最初は「もう～」ぐらいで嫁さんは対応していた
子供というものはしつこくおもしろがるもんで何度も嫁さんの顔をビンタした
たまりかねた嫁さんが3歳の子供に怒鳴ったメイゲン

3歳の子供にその概念いる？

「私Ｍちゃうねん！」

ヨメイゲン

17

YOMEIGEN

うちの嫁さんはかなりの人見知り
人見知り度0％の僕からしたらコミュ障レベル
うちの嫁さんが社交的な人なら
僕は後輩を家に呼んで、僕の作った鍋をみんなでワイワイ出来たはず
それが出来ればもっと僕は家に帰っていたはずなのに・・・

そんな嫁さんにはママ友との付き合いも大変らしい
人見知りがゆえに本心が言えない　もちろん相手の本心もわからない
ママ友や親友というものをつくり辛いようだ
人見知りのくせに　うわべというものを嫌う方でしてそれも厄介

一度こぼしていたのが　長男が10歳ぐらいの時の運動会でママ友が
自分のカバンを持ちながら作業をしていたので　気をつかった嫁さんが
「カバン持っときますよ」と声をかけた
するとそのママ友は「大丈夫　このカバン軽いから」と返してきた
そうなんだと思いしばらく見ていたがやはり大変そうなのでもう一度
「カバン持っときますよ」と声をかけた
「いや　カバン軽いから大丈夫」と同じ返事が返ってきた
またしばらく見ていてやはり大変そうなのでもう一度
「カバン持っときますよ」と声をかけた
観念したママ友は「あら、そう？　ごめんねえ」とカバンを嫁さんに渡してくれた
なんとそのカバン　めちゃめちゃ重かったらしい
その話を僕にし　その後言った嫁さんのメイゲン

「だから
人間なんて信じられへん！」

そんなことで人類を否定しますかね・・・

第2章

相方の嫁のヨメイゲン 18

YOMEIGEN

相方の修士の奥さんは、僕らの1個上の先輩の新進気鋭の女漫才師で
そんな方と相方は結婚したもんで
ほんと迷惑な話・・・

相方の嫁さんは早々にコンビを解散し　放送作家としてがんばられていた
おもしろくない方なら　いくら先輩でも無視できるもんですが
いかんせん　おもしろかった
手放しで尊敬できる女漫才師だった
そんな方とうちの相方は結婚した
変な身内　変な親戚？

野々村友紀子さん　旧姓で今も呼んでいる
最近は「関西辛口おばさん」という肩書で「バイキング」などのバラエティ番組でよく見る
野々村さんは昔と変わりなく
お笑いには硬派で
迷惑な話
僕にも硬派で
僕はエンターテインメントという観点でいろんなことをしている
弾き語り　バンド　お芝居　落語　占い・・・
そのことが気に入らないらしく、野々村さんはお怒りになられている
2丁拳銃の漫才に対する想いが疎かになっていると思われているのだろう
そんな僕に対しておっしゃられたメイゲン

「目から血ぃ出るぐらいおもろいこと考えろ！」

わかりますけど　目から血ぃ出てる奴　何やっても笑えないと思うんですけど・・・

相方の嫁の
ヨメイゲン

19

YOMEIGEN

相方修士の奥さん野々村さんの話
本当に野々村さんにはお世話になっている
本当に大きなお世話になっている
たくさんのありがたい
名言をいただいている
1人で弾き語りのライブが続きコンビの仕事ではない仕事が増えると
怒って言ったメイゲン

「弾き語るな！」

そんな言葉あります？

僕はハーモニカがとても上手だ
こればっかりは自負している
そんな僕が　ハーモニカを吹いて気持ちよくなっているのを見つけて言った野々村さんのメイゲン

「吹き鳴らすな！」

そんな言葉あります？

そんな僕のモテるための道具
歯茎隠しの道具である12本のハーモニカをみつけて言った野々村さんのメイゲン

「このハーモニカ全部
ぬか漬けにしたろか！」

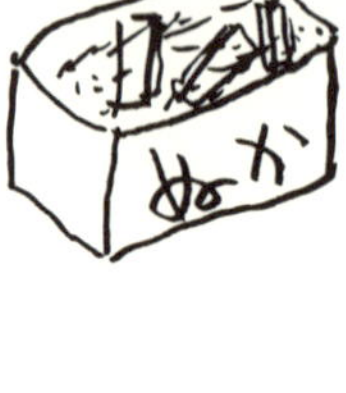

そんな嫌がらせあります？

夜中のＤＪのイベントで酔っぱらいながらはしゃいで
ＤＪしてる僕を見つけて言った野々村さんのメイゲン

「お前みたいなもん
人のＣＤつけたり消したりすな！」

いや　そもそもＤＪってそういうもんですけど・・・
ありがたいんです　感謝してます　お叱りしていただいて
ただ　一番悲しかったお叱りの言葉が
タバコをやめれない僕に対しておっしゃられたメイゲン

「お前は口から息をなるべくはくな！」

ありがとうございます
僕はヘドロなので
ただでさえ地球に迷惑をかけているそうで
あまり口からはいてはいけないそうです・・・
ありがとうございます

相方の嫁のヨメイゲン

20

YOMEIGEN

相方の奥さん　野々村友紀子さんには本当によく怒られる
番組上とかだけではなくプライベートでも普通に怒られる
うちの嫁さんも僕に気に入らないことがあるとよく「野々村さんに言うで」
と　脅してくる
本当に怖い
関西辛口おばさん
娘の9歳の誕生日　僕はその当時やっていたお芝居の稽古期間中だった
ちょうど娘の誕生日は稽古期間中の中休みで
出演者全員で懇親会もかねてバーベキューをすることになった
お芝居というものはそういった座組の方たちとのチームワークというのがとても大切で

本番の成功に直結しているといっても過言ではない
僕はプロとして　娘の誕生日よりバーベキューをとった
バーベキューも盛り上がり終盤にさしかかった頃　嫁さんから着信があった

いやいや出てみると関西辛口おばさん野々村さんの声だった
うちの嫁さんは厄介なことに野々村さんと仲がよい・・・
本当に厄介
嫁さんは娘の誕生日にバーベキューに行っている旦那を野々村さんに売った
電話の向こう　大きな声で言った野々村さんのメイゲン

「お前みたいなもん
バベキュるな!」

バベキュるな?
バーベキューするなでよくない?

相方のヨメイゲン

21

YOMEIGEN

僕は2丁拳銃という漫才コンビでして
コンビなのでもちろん相方というものがおりまして　川谷修士という男でして　そんな奴と26年も
コンビを組んでおりまして　そんな26年を振り返って僕に言った名言を思い返してみたんですが
一つだけありました
相方の名言って照れくさいもんですが
発表したいと思います　コンビ組んで1年経ったぐらいに居酒屋で言った　相方のメイゲン

「トマトに醤油かけて食べたら美味いで！」

26年間で相方が言った　僕に刺さったメイゲンはこれだけです・・・

第３章

小堀家のヨメイゲン

22

YOMEIGEN

次男　響己《ひびき》の話　６人家族の小堀家はB型まみれで我の強さが半端ない
末っ子の暖季こそまだ血液型は調べてないがあの感じは必ずB型　そうなると次男の響己が唯一の
O型となる
そのせいなのか響己はリーダーシップの星を持っているような気がする
小学校６年生の時　運動会で応援団長を務め親御さんがやたらと僕に「響己くん立派に応援団長さ
れてましたね」と
ほめ言葉的に言ってくださる　響己が中学に入学してすぐ学年委員長にも率先？　抜擢？　とにか
くなったらしい
しっかりしているのか　頼られているのか　僕からしてもうらやましい立ち位置に存在しているら
しい　そんな響己が10歳小学校４年生の時　２分の１成人式という式で言ったメイゲン

「僕の将来の夢はお笑い芸人になることです
なぜかと言うと
笑った人はそれで幸せな気持ちになるし
笑わせた人もそれで幸せな気持ちになるからです
だからすべったとしても
それを笑いに変えていきたいと思います」

芸人がするべきことの核心を突いていた言葉
僕は泣いた
ただ　すべり芸かい～
とも　僕は思った

小堀家のヨメイゲン 23

YOMEIGEN

響己の小学校の卒業式の日　僕は朝帰りで大遅刻をした
というのも響己の卒業式の前日が僕主演のお芝居の千秋楽で　打ち上げが盛大に行われた
そういった仕事の打ち上げ　お酒の席というものを僕は本当に大事にしている
そういった場から仕事に繋がる事もあるし　何より僕はそういった場の熱い言葉のやりとりが大好きだ
このご時世　栄養のない言葉が飛び交っている中　本当に心地のよい空間だと思っている
もちろん明日は次男響己の卒業式とはわかっていた・・・　でも朝まで飲んでいた
そんな僕に対し嫁さんにもらした響己のメイゲン

「芸人としては
勝てないかもしれないけど
父親としては勝てる」

本当に感慨深い・・・

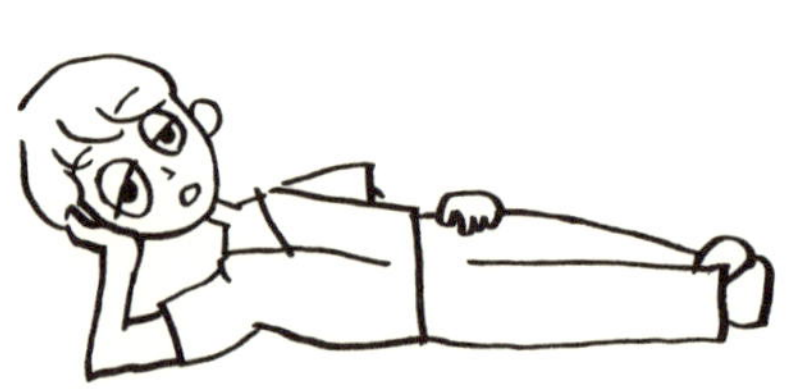

小堀家のヨメイゲン

24

YOMEIGEN

そんな響己12歳と　さしでご飯に行った帰り
家のポストにたまっていたチラシの束を「これママに渡して」と渡した
嫁さんはやはり現実逃避型で家のポストを開けない
請求書など見たくないものから逃避する・・・
ポストを開けるのは僕の仕事
たまに帰った僕が束になったポストの中身を家に運ぶ
その日は響己に託した
響己はしばらく歩いて振り返り　探偵の浮気調査のチラシをニヤッとしながら
僕に返してきて言った響己のメイゲン

「これはママに見せない方がいいんじゃない？」

僕は響己12歳を「いい子に育ったな〜」と抱きしめた

小堀家のヨメイゲン

25

YOMEIGEN

ここ最近　長男央人とさしでご飯に行くことが多く　それは新鮮で楽しかった
僕は僕の子供たちを「後輩」として扱うように心がけていた
それが合っているかどうかわからないが　そうしていた
年齢が近い分　大人になっていく息子という点でも　央人とのさし飯は新鮮で楽しかった
その反面　次男響己のすね具合は多少気になっていた
嫁さんに聞くところ　次男響己の反抗期度合いはわりと強いらしい
そんな中　響己とさし飯するチャンスがやってきた
央人の時のように「好きなもん食べろ」「コーラ何杯でも飲め」「学校どうや？」「モテてるのか？」
「パパの好きなところ言うてみて？」など後輩へのパワハラまがいを響己にぶつけた
そんな時　響己が言ったメイゲン

「パパ何やってても楽しそうにしてるね」

うん　それは心がけていて楽しく仕事がしたい
それが子供に伝わっていることが嬉しいです

小堀家のヨメイゲン

26

YOMEIGEN

娘愛歩《いとほ》の９歳の時の名言いわばムスメイゲン　僕は漫才以外にいろんな仕事に挑戦している
弾き語り　お芝居　落語　バンド　ＤＪ　占い　ｅｔｃ.
このご時世　何が引っかかって売れるかわからないし　これらすべての事が２丁拳銃の漫才
「百式」に返ってくればいいと思ってやっている　でも　ある人（相方の嫁　関西辛口おばさん野々
村さん）からすれば　趣味で遊んでるようにしか見えないらしい
僕以外の小堀家もそんな人（相方の嫁　関西辛口おばさん野々村さん）に　洗脳されリスペクトし
ている
ある時　僕以外の小堀家が　家にある僕の仕事道具の楽器類（ギター４本・ベース２本・ハーモニ
カ12本）を
リビングに並べそれを睨みつけていた　その時に愛歩が放ったメイゲン

「欲望のかたまりやな！」

そんな言葉どこで覚えたん？

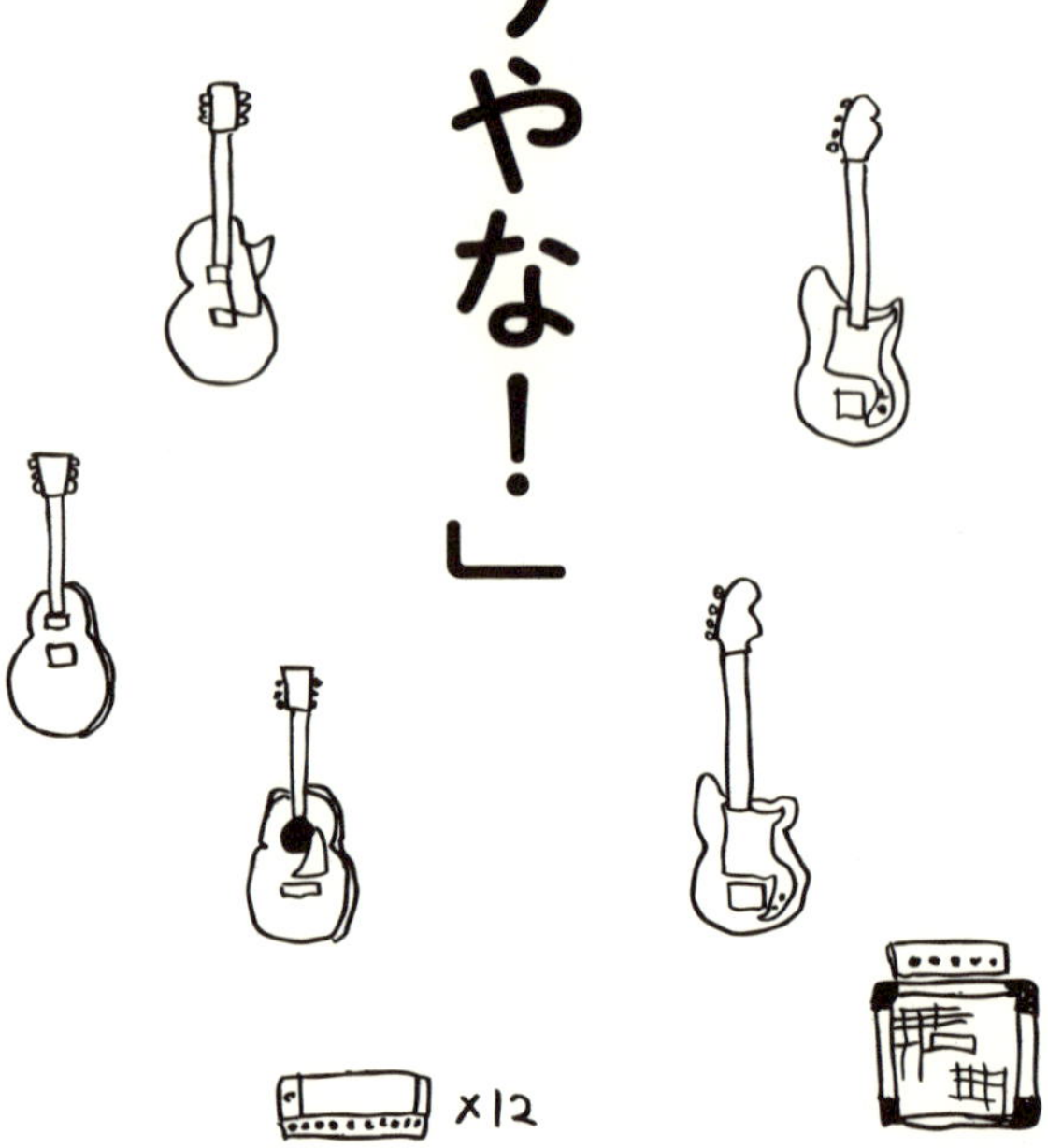

小堀家のヨメイゲン

27

YOMEIGEN

２０１９年初夏現在
僕のテレビ出演の仕方は最悪なものがある
クズ芸人　ヘドロパパ　愛人が12人
根っからの芸人にとってそれにまつわる話はすべてファンタジーなんですが・・・
世間的な意見はもちろん　テレビのスタッフ　同級生　ましてや芸人仲間まで「あれほんまなん・・・?」
と聞いてくる
その後「子供たち大丈夫なん?　いじめられてない?」と心配していただく
すごくありがたいことなんですが大丈夫なんです
子供って親が思うより賢くてたくましい

ちゃんと僕みたいなヘドロパパを「反面教師」として受け止める度量があるんですね
「本当にすくすく育ってるなぁ」
と我が子ながら感心しています

そんなことを改めて思えた長男央人との一場面

たまにある長男央人とのさしの外食
央人が高校1年生15歳の時
たまのさし飯が楽しくて　僕は結構酔っ払いニヤニヤと喋りまくっていた
僕は芋焼酎ほぼロック
央人はコーラ

さし飯の後半ベロベロの僕の肩をポンと叩いて言った長男央人15歳のメイゲン

「いい人生やなぁ〜ママでよかったやん〜」

この長男の言葉ですべてが救われたような気がした・・・
ただ　その時僕は
「僕がママと出会ったのは　央人　お前の今の歳やで　その歳から何年もかけてママをあんなモンスターに育てたんや！」と
照れからかそんないい話っぽく返事をした・・・

column 01

パパどうよ

小堀家の子供座談会

〝結局親は選べない！〟〝ほんとそうだよね!!〟

次男

響己《ひびき》
中学１年生

長男

央人《おと》
高校２年生

三男

暖季《はるき》
幼稚園年長

長女

愛歩《いとほ》
小学４年生

央人　うちの両親はなんだかんだ言っても、結局仲がいいと思う。言い合いはしょっちゅうで、悪口も言うけど、それは仲よしな証拠！

響己　しょうもないケンカが多くて、〝またか…〟とはなるよね。もう少し仲よくできたらいいのに～。お互い信頼し合ってるし、最終的にお父さんが謝って、すぐ仲直りして、険悪なムードが続くわけではないから、いいけどさ。

愛歩　だいたいママがきれいに片付けたところをパパがすぐ散らかしてケンカになるのよね。↘少しはママのお手伝いをすればモメないのに！文句を言ったり、すぐ口答えばっかりして、都合が悪くなると家を出て行っちゃうのは、本当にどうかと思うけど!!

暖季　ママとパパがケンカをすると、〝早く終わって！〟って、心の中でいつも思っているの。

愛歩　ふたりで話しながら大笑いしていたと思ったら、突然バトルが始まり出すからね…。

央人　ケンカはさておき、うちのお父さん、意外と俺たちと向き合ってくれていると思うよ。↖

テニスの試合もマメに応援にきてくれるし。

響己　お願いしたら、テニスラケットも買ってくれた。いい意味でお金の使い方が荒くて(笑)、欲しいものがあるときはお父さんに頼んで、買い物へ行くのがいちばんだよね！

愛歩　たまーにだけど、カフェに連れてってくれるのは、パパのいいところかな。月に1回くらいのペースだけど、家族全員で外食に行けるのもうれしかったりする。焼肉をリクエストすると、〝OK！〟って、即レスくれるところは好き。

暖季　僕はお金をくれるときのパパがいちばん好き。この間は、千円もくれたんだよ〜！

愛歩　でもさ、ママにお給料を全部渡さないのは本当にダメだと思う。あとタバコもね…。

央人　タバコは家族全員が嫌がっているわけだから、いい加減やめてほしいよなぁ。

響己　〝体によくないからやめて！〟と言っても、やめる気配はなし。あとさ、酔っぱらって帰ってくると、からんでくるのも無理(笑)。〝学校はどうだ？〟って聞きながら、ベタベタしてきて、普段はしないスキンシップが多くて、正直気持ち悪い(笑)。しかも、語り合ったことを翌日に確認すると、まったく会話の内容を覚えてなかったりするから、ガッカリ…。

暖季　僕はね、大人になったら、パパみたいにタバコは絶対に吸わないよ！　だってさ、口がくさいし、息ができないもん…。

愛歩　〝キッチンの換気扇の下で吸ってるんだから、ええやん！〟って開き直るんだけど、うちの換気扇は壊れているし、部屋中くさくなって、本当に大迷惑だから直ちにやめてほしい!!

央人　お父さんとのいちばんの思い出は？

響己　5歳くらいのときに吉本の本社に連れてってくれたことがあって。会社の中庭で、ふたりで仮面ライダーごっこをしたんだけど、すごく楽しかった記憶があるよ。
愛歩　私はアナ雪の映画を一緒に観に行けたのがいい思い出。〝行きたい！ 行きたい！〟言い過ぎて、〝もう、しつこいねん！〟って怒られたんだけど、結局連れてってくれたの。
暖季　思い出は……。わからない……。
央人　俺は小学6年生のときに家族で箱根に行ったのと、北海道旅行も忘れられない思い出。最近は田舎に家族で帰ることはあっても、みんなで旅行できてないのが残念だよね。
暖季　僕、飛行機に乗って、海外に行きたい！
愛歩　6人で海外なんて無理でしょ…。私はディズニーランドかUSJに行ってみたい！
響己　最近、お父さんとご飯をする時間が増えて、いろいろ話せるようになったからな。この間はとんかつ屋さんに行ったから、またおいしいものを食べさせてもらえたら満足！
央人　俺は年齢的に、家族で出かけた思い出を覚えているけど、3人はまだ小さくて記憶が曖昧だからこそ、近々みんなで旅行したいね。
愛歩　ヘドロパパって学校でも言われるでしょ。それはお兄ちゃんたち、どう思ってるの？
響己　プラスでもマイナスでもないよ。顔がそっくりって言われても、なんとも思わない（笑）。
央人　学校でいじられることはあるけど、別に嫌とかはないかな。テレビで映らない部分もあるし、子供たちへの愛情は常に感じているから。この間もテニスの試合で負けたら、〝途中で諦めたりするから、ダメだったんやで〟って的確なアドバイスをくれて。中途半端にがんばっても結果がついてこないって怒られたけど、本当にそうだなって思った。
愛歩　何かひとつだけ直せるなら、どこ？

column 01

響己　タバコ、パチンコ、お酒！

暖季　ひとつじゃないの？（笑）

愛歩　私は一緒に寝たことがないから、毎晩お家に帰ってきて、みんなが寝る時間に一緒に寝てほしい。やっぱりさみしいもん…。

央人　〝帰ってきて！〟って連絡をしないと、家に帰ってこないのはどうしたものか…。

響己　あとさ、頼りがいがないよね…。優しいし、叱ってくれるのはいいんだけど、一家の大黒柱って感じはしないんだよなぁ（笑）。

暖季　大黒柱ってなぁに？

愛歩　普通のお父さんは毎日ちゃんと家に帰ってくるし、私たち家族を守ってくれて、給料を全部渡すのがお父さんの役目なんだってば！

央人　うちはちょっと特殊（笑）。でも、子供たちにちゃんと向き合ってくれるし、お父さんの魅力はあると思う。そこの部分は吸収したい。ただ、俺自身、タバコは絶対吸わないし、悪いところはもちろん真似はしない。

響己　頼りがいがないから、僕も頼られるような男になりたいってすごく思う。頼られない人間は何を目標に頑張っていいかわからない。学校でクラスの女子に頼られたりすると、その期待に応えたくなるもん。〝こういうときは小堀だろ！〟って言われると、やっぱりうれしいしね。

愛歩　私は絶対タバコを吸わない旦那さんを見つけるから！　毎日家に帰ってきて、給料もきちんと預けてくれる人と結婚したいの♡

暖季　僕はどういう親になりたいかはまだわからない。ユーチューバーになれたらいいな！

響己　僕は芸人さんに興味があるよ。身近な人が芸人さんでよかったなって思う。

愛歩　結局、親は選べないわけで、ヘドロパパを受け入れるしかないってことよね（笑）。

第4章

ふたたびヨメイゲン 28

YOMEIGEN

僕が嫁さんと結婚する2年ほど前に見つかった浮気の話
僕はその当時おっぱいの大きい美容師さんと　浮気していた
ベースよしもとで月1回行われていた2丁拳銃メインのイベントに　嫁さんはもちろん
おっぱいの大きい美容師さんもよく招待していた
ある時嫁さんに
「今日のイベントにおっぱいの大きい人招待した?」と聞かれた
僕は内心焦りながら　「してないよ　なんで?」と言うと「あの子怪しいわぁ・・・
あんたあの子と浮気してんちゃう?　あの子あんたの言うことでしか笑わんねん・・・
「・・・そうなん・・・でも招待してないし　知らんわぁ　野性爆弾のロッシーちゃう・・・」
おもいっきり後輩になすりつけてその日はやり過ごした

次の月　またそのイベントに　２人とも招待した（しなければよかった・・・）
イベント終わりに　嫁さんは自信満々で僕に
「やっぱりあんた！　あのおっぱいの大きい子と浮気してるやろ」
と言い出した！　僕は　また心の動揺を隠しつつ
「なんで?・」と聞いた
その時に嫁さんが言った　名探偵的メイゲン

「あの子が今日持ってた傘わたしの傘や！」

僕は嫁さんが家に置いていった傘を
おっぱいの大きい美容師さんに貸してあげていて
そのせいでバレた

皆さん
傘の貸し借りには
気をつけましょう

ふたたび
ヨメイゲン

29

YOMEIGEN

女の人は本当にお菓子や甘いもんが好きで
うちの嫁さんも例にもれずそうです
そのくせ　体型を気にする・・・
ほんまに気にしてんのかなぁ・・・
ビックリしたのが
嫁さんが「1個のイチゴのショートケーキを2日かけて食べる」と言い出し
夜　11時ぐらいに　1個のイチゴのショートケーキを

半分だけ食べ　少し置いておいて
日をまたいだ12時過ぎに　残りの半分をたいらげた・・・

嫁さんにしたら　それが
「1個のイチゴのショートケーキを2日かけて食べる」という事らしい

1時間ほどかけて　1個のイチゴのショートケーキを
食べただけのことやけどなぁ・・・

僕にはあまりわからない感覚やなぁ・・・

僕は　酒飲みなのもあり　甘いものへの執着がてんでない
なので　お菓子のことがよくわからない
種類なんかも　全然知らない・・・

芸人仲間での
買い出しなんかでも　よく怒られる・・・

センスがないらしい

「お菓子選びにセンスなんかいるか？」
そんなことを嫁さんに　愚痴っていると
嫁さんが　僕のことを明らかに
小ばかにして　上から目線で　言ってきた

僕には　嫁さんが　ラッパーに見えたんですが

そん時のヨメイゲンです・・・

「美味しいお菓子はだいたいブルボン！」

なんやねん！

「悪そうな奴はだいたい友達！」

みたいに言いやがって・・・腹の立つ！

ふたたびヨメイゲン
30
YOMEIGEN

10年以上前　嫁さんとテレビ出演することが多かった
一度盛り上がった企画が
旦那芸人が　奥さんの写真を撮り　どれがおもしろいか？
を　競うというものだった

嫁さんは2回連続優勝した

1回目の写真は　長男に授乳している写真だった
嫁さんの顔の切なさ　ほぼ見えているおっぱい
スタジオは大爆笑になり　文句なしの優勝だった

第2回の撮影が決まり　何を撮るか悩んでいた
前回優勝者のプレッシャー
掃除機をあてている嫁さんのジャージ姿が
まとわりついた子供のせいで
半ケツになる瞬間を撮影することになった
撮影中　うまくいかずカメラマンの僕が　丁度いい半ケツを目指し
嫁さんのジャージを下に下げていた
最初は嫌がっていた嫁が　僕のおだてのコメントにのっかり
いい写真が撮れた
撮影が終わり　お礼を言うと　嫁さんが言ったメイゲン

「のせられたから脱いじゃった！」

モデル気取り？

ふたたび
ヨメイゲン

31

YOMEIGEN

ある吉本の先輩芸人さんが　浮気をして
それが奥さんにバレ　離婚になった

そのインタビューで奥さんは
「浮気相手が一人二人ならよかったんですが　いっぱいいたので・・・」と
おっしゃっていた
それを僕達夫婦は　僕は気まずく嫁さんは怒って観ていた

しばらくして嫁さんが言ったメイゲン

「一人二人の方が嫌やろ！」

うちの嫁さんは
そういう人なんですね

32

ふたたび
ヨメイゲン

YOMEIGEN

やっかいなことがありまして
僕の嫁さんと相方の嫁さん野々村さんは仲がいいのです
たまにうちの嫁さんが言うのが
「野々村さんに言うで！」
こんな恐ろしいことはない
野々村さんも　うちの嫁さんが心配なのか
よく家にきては嫁同士子供同士遊んでいる
最近野々村さんが忙しいので少なくなってきたが・・・
そんな状態を嫌がっていると　嫁さんから　嬉しいことを聞けた
実は嫁さんも野々村さんがくると気をつかうみたいで　結構しんどいらしい

嫁さんは自分のペースを大事にするタイプなので
野々村さんのテンポにはついていけないらしい
会って3時間もすると頭が痛くなってくるんですって　ぷぷぷ
でも野々村さんはそうとも知らず　ハイペースでいろんなことをガンガン進めていくらしい
公園で遊び　家でおやつを食べ　晩御飯で手作りハンバーグを作るとなった時
嫁さんは嘔吐したと報告を受けております　ぷぷぷ
そんなハイペースで物事を進めている間もずっと喋ってるらしい
ずっと正しい話をしているらしい
そんな話を聞いていた嫁さんが僕にもらしたメイゲン

「正論って　おもんないねん！」

うちの嫁さん　ひょっとすると僕と気が合うかもしれない

ふたたび
ヨメイゲン

33

YOMEIGEN

嫁さんは　本当に時間にルーズ
待ち合わせた時間にきたためしがない
このあいだも　小堀家のたまにある焼肉外食
僕が出先から電話で家の近所のお店を予約し　先にお店で待っていると
嫁さんは1時間弱遅刻してきた
僕は　食べずにお酒だけを飲んで待っていた
嫁さんがきた頃には　僕はベロベロだった・・・
逆に
「何酔っぱらってんのん⁉」
と怒られた・・・

わかりますよ　大変なのは・・・
子供と歩く速度を合わせたり　末っ子がぐずったり　急にウンチしたり・・・
急に時間を取られるのは
わかりますけども・・・
そんな嫁さんの最近の楽しみは　ミュージシャンのライブに行くこと
特に　学生時代聞いてたミュージシャンのライブに行くのが楽しいらしい
そんなライブには　絶対遅刻しない
何なら開演の結構前にライブ会場に到着している
ちょっと腹が立ったので　ユニコーンのライブに行った嫁さんに嫌味満開で
「ライブには　遅刻せんと行くねんなぁ」と言うと
逆ギレぎみで言ってきたメイゲン

「ユニコーンは私を待ってくれへん！」

はい　そうですね
僕は待たせていただきます

ふたたび
ヨメイゲン

34

YOMEIGEN

嫁さんに「僕の好きなところ一つ言って?」と聞くと
「勉強を教えるのがうまい」と言った
確かに　高1の時僕は嫁さんに勉強を教えていた　テスト期間中　夜中に3時間ぐらい電話で数学を一生懸命教えたことをほめてくれる　嫁さんは家族の中で勉強が一番出来なかったらしく　お父さんや一つ上のお姉ちゃんに　勉強を教えてもらっていた　もれなく教える側はキレて終わるらしい
「何でこんなこともわかれへんの!?」と怒られ終了
僕は優しく辛抱強くわかるまで教えてくれたらしい
僕との結婚を決めた理由の一つらしい　少し気分をよくした僕は
「もう一個好きなところ言って?」と言うと
嫁さんが絞り出して言ったメイゲン

「米粒を一粒残さず食べる」

「え？　それだけ？　もう一個好きなところ言って？」
嫁さんは　また絞り出して言った

「着替えるのが早い」

「え？　そんなとこ？　もう一個言って？」

嫁さんはまたまた絞り出して言った

「時間の使い方がうまい」

もうええわ　聞いた僕が間違いやった

ふたたびヨメイゲン

35

YOMEIGEN

嫁さんの少し好きなところは　僕の舞台を観ようとしてくれるところ
漫才はもちろん　お芝居　バンド　落語　弾き語り
僕としてもやはり一生懸命やっている本番というものを観ようとしてくれるのはうれしい
嫁さんいわく
「舞台に行かないとパパに会えない！」
らしい・・・
何はともあれうれしいもんです
「スナック玉ちゃん」という舞台の作・演出・出演を任された時があった
「スナック玉ちゃん」はスナックのママとその一人娘との確執の物語で
スナックのママが親として反面教師で　逆に一人娘は立派に育っていくという

我ながらなかなか素敵な脚本　舞台になった
また「スナック玉ちゃん」は変わっていて　スナックの要素を取り入れ　お芝居の舞台でありなが
ら
当日のお客さんに飛び入りでカラオケさせるという暴挙を行った
意外とお客さんのノリもよく　毎回飛び入りでお客さんが歌ってくれた
なかなか刺激的な舞台だった
公演の後半　嫁さんは「スナック玉ちゃん」を観にきた　僕を偵察しにきた
僕は本番　客席に降りていき嫁さんを見つけ手を引っ張り一曲歌ってと打診した
嫁さんは思いっきり断り　僕はしつこく「歌ってくれ！」と懇願した
その時にブチぎれて言った嫁さんのメイゲン

「家にも帰ってこんと
こんな時だけ頼まんといて！」

すんません・・・
僕　家帰ってたら歌ってくれたんかな・・・？

ふたたび
ヨメイゲン

36

YOMEIGEN

付き合い出す前の高校1年生の時　嫁さんを含めたクラスの女子4人と僕でバンドを組んでいた
嫁さんはボーカルで僕はベース
僕はドラムの子が好きで　そのことを嫁さんによく相談していた　嫁さんとはそんな仲
ドラムの子との恋はうまくいかず　僕はなぜかキーボードと付き合い出した
すると　すぐ嫁さんから電話がかかってきた
嫁さんは「キーボードの子と今話した　あんまり本気じゃないらしい」と僕に忠告してきた
続けて「私　何かそんな付き合い方嫌やわ　そんなんやったら私と付き合って　私の方が小堀のこと好きやわ」と言った
僕がビックリしてその後言ったことを　嫁さんは僕のメイゲンとして覚えていた
僕が嫁さんからの告白の後言ったメイゲン

「ちょっと待っといて」

嫁さんはそれを言われて
「わたし　待ってもうたからな！」と怒っていた
それから2か月後　高2の8月
僕と嫁さんは付き合い出した

37 ふたたびヨメイゲン

YOMEIGEN

この本「ヨメイゲン」を作るにあたり　嫁さんの言った言葉をとりあげてきた
嫁さんに「僕の言ったことで心に引っかかった言葉を教えて？」と聞いてみた
嫁さんは少し考え　僕が高校生の時に言ったことを話し出した。

何度も言っているが　嫁さんは高校の同級生で　１年生の時同じクラス
２年生の夏から付き合い出した
嫁さんとは入学して　すぐに仲よくなった　親友な感じ
付き合い出す前の１年生の時は　お互いいじりあう感じ　男のツレみたいだった
僕が校則違反のパーマをあてて学校にきた時
「なにそれ！　全然似合ってへんやん！」といち早く思いっきりいじってきた

クラスのみんなも　そう思っていたのだろう　嫁さんのその言葉に爆笑していた
恥ずかしかった・・・
僕は　自転車通学だった嫁さんが乗っていた自転車が特徴的なのをよくいじっていた
「薄い水色で　白の水玉模様の自転車」　何かおもろかった
嫁さんは「何がおかしいの!?　何もおもんないわ！」と怒っていた

うちの学校は放課後　近くの西友に寄ってフードコートで何か食べる生徒が多かった
僕もときたま一人でフラッと西友に寄る事があった
ある時　西友の自転車置き場に「薄い水色で　白の水玉模様の自転車」があるか
探してる自分に気づいた
「薄い水色で　白の水玉模様の自転車」を見つけ何かホッとしていると　嫁さんが現れた
その時に言った僕の言葉

「今日
なんか逢える気がしてん」

嫁さんは　僕がそう言ったことを覚えていた

ふたたび
ヨメイゲン

38

YOMEIGEN

この本 「ヨメイゲン」
僕はすごく気に入ってる
制作に取りかかってからも わりとスムーズに進んだ
(イラスト以外 笑)
20個ぐらいエピソードがあがった段階で
嫁に見せた
すると 一つ目の「陽性出た！ すぐ帰れ！」ですぐNGを出してきた
「恥ずかしいから やめて！」と暴れだした
僕は「今更なんやねん！」と笑っていたんですが
嫁は収まらない・・・

「ほんまにやめて！」と　言い続けるので
「実話やんけ！」と少しキレると
「実話やけど！」とキレ返された
「ほんまにやめて　私もっとおもしろいことゆうてるやん・・・」とすね出した
そして「今からヨメイゲン何個かゆうわ！」と　もみ消しにかかってきた
僕は仕方なく「わかった　制作スタッフさんが採用しなかったら　やめとくわ」となだめた
嫁は「頼むで！」と収まった
結果　採用された　しかも1番目　笑
それ以来　嫁さんに原稿を見せなくなった
僕が「本　『ヨメイゲン』の打合せに行ってくるわぁ」と言うと　必ず言う嫁さんのメイゲン

「あの暴露本ね・・・」

ある意味そうかもね・・・

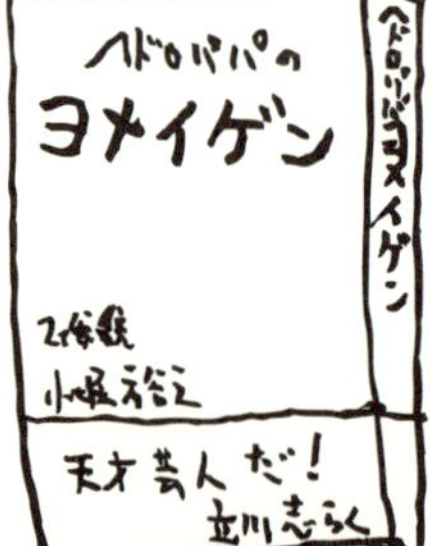

ふたたび
ヨメイゲン

39

YOMEIGEN

前にも書きましたが　僕と嫁さんは　高校の同級生で　高2から付き合っている
その当時　上岡龍太郎さんと笑福亭鶴瓶さんがやっておられた「鶴瓶上岡パペポTV」という番組の公開収録に　よく二人でデートで行っていた
僕は中3の時「パペポTV」を初めて観て「お笑い芸人になろう」と決めた　鶴瓶さんへ弟子入りも考えた
それぐらい「大好きな番組」で僕にとっては「大切な番組」の公開収録に
その当時は　大好きで大切な人と　よくデートで行っていた
僕らは奈良だったので　学校を休んで　始発の電車に乗って　大阪の京橋にある　読売テレビに向かう
7時ぐらいにテレビ局に到着すると　人気番組だったので　もう20人ぐらい並んでいる

昼過ぎに整理券を受け取って夕方の収録まで　時間を潰す
近くのツインタワーのどっちもの最上階に上ってみたり　環状線で仮眠をとるため何周もしてみたり
いざ本番が始まったら　クタクタで眠かったり
とにかく楽しかったなぁ…
その時に撮った写真で　嫁さんの横顔越しの上岡さん鶴瓶さん（ピントは嫁さんに合っている）が写っている写真は　僕が今まで撮った写真で　一番いい写真です
それから20年ほどして　鶴瓶さんが落語を本格的に　されるようになり　また僕は鶴瓶さんのもとへ　足を運ぶようになった
嫁さんは子供がいるので　そういった場所へは　なかなか行けない
僕は　宮丸という女の作家（後に「ハンカチ」という創作落語を一緒に作った）と　よく行った
鶴瓶さんの落語会に　行ってきた日
嫁さんに「今日どこ行ってたん？」　と聞かれ　「鶴瓶さんの落語会や」　と答えると　「誰と行ったん？」
と浮気を疑うような言い方をするので　「作家の宮丸と行ってきたんや」　と正直に言うと
嫁さんが返してきたメイゲン

「鶴瓶さんは私と行ってたのになぁ！」

鶴瓶さんはお前のモンなん・・・

ふたたび
ヨメイゲン

40

YOMEIGEN

僕は立川志らく師匠に可愛がられている（今のところ・・・笑）２０１９年7月現在
きっかけは２０１６年8月22日放送の「人生が変わる1分間の深イイ話」で共演？　してからである
番組の内容は　僕の嫁さんに密着が付き　芸人の嫁さんの生活ぶりをお届けするというもの
志らく師匠の奥さんにも密着が付き　お互い別々のコーナーでの出演だったので共演と言えるのかわからないが・・・
僕の放送内容は酷く
家に週2回しか帰らない
生活費は5万円しか入れない
そのくせ自分の趣味（音楽活動）にはお金を惜しまない

挙句の果てに
節約生活で　３日連続カレーしか食べてない子供たちの目の前で　１人だけうな重を食べる
ヘドロパパ・・・
むちゃくちゃ叩かれました
みんなの目につくところはもちろん
ツイッターのダイレクトメールにも「死ね！」と山ほどきた・・・
「奥さんのため　子供のために　離婚してあげてください」
というのも多かったなぁ・・・
こんな僕でもある程度凹んでいると　志らく師匠はツイッターで僕を擁護するコメントをしてくれた
ようは「芸人なんて　そんなもんだ」的なコメント
「芸人の鑑だ」ぐらいまで言っていただいた
僕は本当に救われた
ツイッターでお礼のコメントをし　志らく師匠の独演会に行かせていただき楽屋で改めてお礼をさせていただいた
そういった経緯からか

志らく師匠がライフワークにされている劇団「下町ダニーローズ」の本公演に3年連続出演させていただいている
本当に志らく師匠には可愛がられている（今のところ・・・笑）2019年7月現在
ありがたい話です
最近　志らく師匠から伺ったんですが
「2丁拳銃の小堀君をお芝居で役者として使いたい」と言ったところ
周りのみんなに反対されたらしい
・・・ん〜そうだったんですね・・・すみません・・・
そんなみんなの反対を押し切って　こんな僕を3年連続で役者として使っていただいている
本当に志らく師匠には可愛がられている（今のところ・・・笑）2019年7月現在
ありがたい話です
そんな話を嫁さんにした
嫁さんは笑いながら思い出したように言ったメイゲン

「私もあんたとの結婚
みんなから反対されたわ！」

でしょうね！
でも　思い出したように　今言わんといて・・・

メイゲン連発！

嫁さんインタビュー

「えっ!? 世の中にはもっと素敵な男性がいるんですか？」

出会いは私たちが高校1年生のとき。同じクラスになって少し会話を交わすようになり〝ちょっといいな〟と思い始めたんです。異性と接しにくい多感な時期に、すごく話しやすい空気を感じたんですよね。それで、彼女がいるのは知っていましたが私から告白をしました。〝彼女がいるから無理〟と言われるのを承知で。そうしたらまさかの〝もう少し早く言ってくれたら…。ちょっと待ってほしい〟だなんて、気を持たせるような返事が…！ その2ヶ月後↘

くらいから付き合い始めましたが、そこは普通〝彼女がいるから付き合えない〟ですよね。私が世間知らずで考えが甘かった…。ここでまず判断を間違えたのかなと思います（笑）。高校2年生で付き合い始め、小堀が浪人、1年後に大学進学（2ヶ月で辞めました、もったいない！）、大学と並行して吉本の養成所に入って。ずっと一緒に過ごしてきましたが、その間も女芸人さんやファンの方、まあ…いろいろありました。その都度うまい言い訳をされて今に至ります。↖

思い返せば、プロポーズも〝上から目線〟の最悪なものでした。付き合って10年目くらいになって、私も結婚をずっと意識していたんですが、肝心の小堀はつれない感じ。モヤモヤと過ごしていたある年に、初めて年末年始を3日間一緒に過ごすことに。いつもどおり平穏に3日間過ごした後に、こう言い放ったんです！

「実は俺、お前をテストしててん。この3日間過ごして、少しでも嫌やと思ったら結婚しないって。合格や」。当時はそれでも嬉しかったんですが…こんなプロポーズってありますか⁉ 高校生から長く付き合っているので、今さら他の人と一緒になるなんて…と思っていましたが、今から思うと〝違う道もあったのかな？〟なんて思ったりも（笑）。いくら振り返ってもさんざんな思い出しかありませんが、それでも一緒にいたいと思えた自分が不思議です。➘

結婚後も、浮気疑惑のたびにごまかされてきました。またごまかし方が上手なんですよ！ 私の中でいちばん印象的なのが、ヨメイゲン28にある〝傘〟の話です。小堀のライブを観に行ったあるときのこと。会場の隅っこに、めっちゃ可愛い目立つ子がいたんです。〝可愛い子がおるな〟くらいになんとなくその子を見ていたら、その手には私の傘が！ すぐに小堀を問い詰めたら「あれは後輩の彼女や。傘がない言うから貸してあげただけや」って。そういう言葉がパッとよう出るんです。「今度その後輩にお前から聞けや」とまで言うので、それ以上問い詰められなかったですね。この〝後輩使い〟はよくある手で私が信用する後輩を選んで言い訳に使うんですよ。簡単に言いくるめられる私も私ですが（笑）。不信感は抱きつつも、別れを決定づけるようなヘマはしないんですよね。

逆に、私の浮気を疑われたことも。19歳くらいのときにバイト先の友達の車に乗っていたら、気づいたら後ろからバイクで追いかけてきたんです！　車を降ろされてめちゃくちゃ問い詰められました。自分は何しても知らん顔のくせに、私のことは束縛するんです。最悪でしょう？　今で言う〝モラハラ夫〟の走りのつもりだったんでしょうか？　昔はよく好きなアーティストのライブに一緒に行っていましたが、そのときも資金は私のバイト代。毎回私が車で送り迎えをして、誕生日だからと言われライブTシャツを買ってあげたことも。そうそう、その帰り道に別れ話をされたんですよ！　日にちを置いて話し合って別れることはありませんでしたが、ちょうど吉本に入ったばかりでキャーキャー言われていた時期。他に楽しいことがあったんでしょうね。

結婚してから今まで、感謝やねぎらいの言葉は一切ありません。ただ、節目節目でプレゼントをくれるんですが、そこも昔から謎だらけで…。高校生のときにもらったものは、全部一回開けた形跡がありました（笑）。ネックレス、マグカップ、ぬいぐるみ…なんでも明らかに開封して包み直しているんですよ！　昨年の結婚記念日には日傘をプレゼントしてくれたんですが、そんな理由もあってか、素直に喜べなかったですね。〝なにかやましいことでもあるのかな？〟って。逆に不信感を抱きました。いい思いをしてこなかったから素直に受けとれない体質になってしまったようです。

父親らしいこともなにひとつしてくれませんね。子供のおむつも1回も替えたことないんじゃないかな？　もちろん、はじめは嫌で嫌でしょうがありませんでした。でも、人間とは不思議なもので、途中で諦めるんですよね。私が長男を抱っこしているのに、ベビーカーも押してくれない。助けてくれる気配すらないので〝この人にイクメンを期待したらダメだ〟と、長男のときに悟りました。

そんな父親ですが、息子たちとはうまく付き合っているようです。長男の央人は、たまにおいしいご飯に連れて行ってもらえたらそれで満足の様子。芸人を目指している次男の響己は、またちょっと違った目線で慕っているよう。目標とする芸人さんはパパではないみたいですけど（笑）。三男の暖季はまだ小さいので、自分の父親が〝ヘドロパパ〟と呼ばれていることや、そのクズさを理解していません。長女の愛歩は、女の子なので距離感はありますね。〝ああいう人は無理〟という感じで、その感性を大切に育ってほしいと思います。➘

今は小堀に対して、直してほしいところやしてほしいことなど望むことはありません。言う気もおきない、というのが正確な言い方でしょうか。私って欲がないのかな？　それほど小堀を好きなのかな？　いくら自分に問いかけてみても、答えは出ません（笑）。この先も、私から離婚を言い出すことはないだろうなと思いますが〝この人には私しかおれへん〟とか、〝この人を1人にしたらあかん〟とか、そんなドラマチックな気持ちでもありません。とにかく男性を見る目がなかったのと、盲腸を散らすかのようにごまかされてきた人生なんだと思います。世間にはもっと素敵な男性がいるんでしょうか？　教えてほしいです（笑）。

〝ずっと笑ってるから幸せそうやん〟――昔から小堀がそう言うのですが、そんな人生も悪くないかなと思っています。

懺悔の書き下ろし

「嫁と僕の30年後」

人の倍以上の濃い人生を生きた僕は　人相応の寿命で人生を終わろうとしている
1か月ほど前　お医者さんに「これからは好きなことをして生きてください」と見放された
今まで本当に好きなことをして生きてきた僕は　そう言われてもどうしていいかわからない・・・
とりあえず僕は家でゆっくりすることにした　とにかく家にいる　ずっと家にいる　あれだけ家に帰らなかった僕が
ずっと家におり　好きなだけ寝て　好きな時に起きる　そんな1か月を過ごしていた
令和31年4月18日　小雨の降る昼下がり　嫁さんに起こされた
「あんた　起き〜　いつまでダラダラ寝てんの早よ起き〜」
10人以上孫がいる　おばあちゃんにしては　なかなかな強さでゆすり起こされた
「何やねんな・・・」
そんなに深い眠りではなかったが　深い眠りから生還してきたかのようなフリをした

「嘘つきぃ〜ホンマにもう〜」
昔から　嫁さんにはすぐ嘘がバレる　いくつになっても変わらない・・・　そして続けて
「今日何の日か知ってるの？」
と　質問が飛んできた　正直分かっていたが照れくさくもあって
「何の日や？　知らん・・・」
と　とぼけた
「今日は私の誕生日や！」
嫁さんは　怒っているのと呆れているのとの中間のトーンで言ってきた
「あぁ　そうやったか・・・」
まだ　とぼけてみた
ここ10数年　それこそ還暦のお祝い以降　お互いの誕生日を祝うことはなかった
でもきっとこれは　僕に祝ってもらえる最後の誕生日だと感じているトーンだ　僕はそう察した
「何かちょうだいよ」
僕は　嫁さんの　おばあちゃんでも　お母さんでもない　彼女的なトーンに少しビックリした
そしてものすごく懐かしい気持ちになった
「何言うてんねん」
なんとか僕はギリギリ言い返せた
もうソッポを向いている嫁さんの白髪まみれの後頭部を見ながら　嫁さんと付き合い出した60年前のことを思い出していた

嫁さんに初めてあげた誕生日プレゼントは　ハーモニカ　キーはE
一緒にバンドをやっていてコピーしていたジッタリンジンの「アニー」の間奏で吹くハーモニカ
高校生の僕にとっては　なかなか高価なプレゼント　ちゃんと喜んでくれたので嬉しかったのを覚えている
僕はもう一つブルーハーツのコピーバンドのボーカルをしていて
「キスしてほしい」の2番を客席にいる嫁さんを見て歌ったのを覚えている
嫁さんは中学の時バスケ部だったらしく　そのせいか嫁さんのふくらはぎは
ものすごく成長し　ヒラメ筋はマグロのようであった　高校でも最初はバスケ部に入ったが
1年の7月には僕のいる軟式テニス部に転部してきた
嫁さんは昔から紫外線を吸収するタイプで　一瞬で真っ黒に日焼けした
女子のテニスというのはスコートをはくものなので　テニスコートでは真っ黒になったマグロ筋はむき出しにされた
その当時から　ふくよかだった嫁さんとのニケツは嫁さんが前で僕が後ろ
水色の水玉の自転車は　そんな編成で郡山城跡の坂道を下って下校した
なぜかそんな事を走馬灯のように思い出していた
僕の意識が白髪まみれの後頭部に帰ってきた頃　僕は改めて60年という歳月を噛みしめていた
あんなに黒かったマグロ筋は跡形もなく　シワシワのおばあちゃんが寝起きの僕の前に当たり前のように座っていた
「かわいらしいな」

何かそう思ってしまった　何とか声には出さなかった

当然次は　嫁さんが喋り出す番だと待っていたが　なかなか喋り出さない・・・
どうやらまだ僕のターンらしい・・・　僕は振り絞って
「何が欲しいねん？」
その気もないのに言ってしまった　すると割と食い気味に彼女的なトーンで
「ハーモニカ」
と返してきた　僕は嫁さんも60年前のことを　走馬灯　してたのかなと思った
「ハーモニカ!?　何でまた・・・」
「教えてほしいねん　あんたハーモニカ上手やん！」
嫁さんは昔から　僕のハーモニカだけはほめてくれた
30歳ぐらいの時　テレビで一発ギャグをやらなければならなくなった
そんな芸風ではない僕はものすごく焦った・・・
その一発ギャグを考えるのに三日三晩悩んでいると　嫁さんがはっきりと
「ハーモニカ吹いといたらええねん」
僕はそうしてみた　うまくいった
ただただハーモニカを上手に吹く　というギャグを身につけた
そういったギャグで　何度もピンチを乗り越えた
「ジッタリンジンの『アニー』吹きたい　キー何やった？」

「Eやわ」
自慢げに食い気味で答えた
「さすが　ハーモニカの事には自信満々やなぁ　はよ　Eのハーモニカ買ってきてちょうだい」
さすがに76歳　死にかけの僕が77歳の誕生日を迎えた嫁さんのために　楽器屋さんに出向いて
ハーモニカを買ってくる気力はあっても　体力がない
無茶ぶりも甚だしい　でも僕に気力があることに自分でも驚いた
学生時代　高2の秋　付き合いたての僕達が自転車の後ろの取り合いをしていた
負けた僕は　嫁さんを後ろに乗せて　郡山城跡の坂を登ろうとした時のトーンで言った
「無理やわぁ」
「でしょうね」
嫁さんは　僕の返事を予測していたタイミングでそう言い
嫁さんの頭のようなタンスに向かっていった
一番上の右から2番目の小さな引き出しから　白いケースを取り出し持ってきた
それは60年前に僕が嫁さんにあげたハーモニカだった
10㎝ほどの白いケースを開けると　そこには　ちゃんとEのハーモニカがいた
Eのハーモニカは　僕らと同じように60年の歳月が経った姿で　ちゃんとそこにいた
「教えて」
僕のハーモニカへの感想も聞かずに　嫁さんは古いCDデッキの再生ボタンを押した
ジッタリンジン　ファーストアルバム『DOKIDOKI』の　1曲目「アニー」が

ちょうどいい音量で流れてきた
「吹いて」
僕が　ジッタリンジンを懐かしんでるのも待たず
嫁さんは　Eのハーモニカを渡してきた

♪君が隣りのクラスから出てきた時
僕の心臓は口から飛び出した
君の笑い声を初めて聞いた日は
一晩中ドキドキ眠れなかったよ
アニー　アニー　アニー　アニー
アニー　好きだよ　アニー
アニー　アニー　アニー　アニー
アニー　好きだよ　アニー
自転車に乗って毎日フラフラ
君の街まで行き　自転車に乗って　君とすれちがうたび
いつも心で叫ぶ
気付いておくれよお願いだアニー
気付いておくれよアニーお前に一目惚れ
気付いておくれよアニーお前に一目惚れ

アラエイティ（80近く）にもなって　何を聞いてんねんと　ツッコミを入れたかったが　やめた
青春っていいなぁと　いい歳こいて思った
間奏のハーモニカ　歳の割には　上手に吹けた
「同じように吹いて」
と　嫁さんにハーモニカを渡したら
「あんた口つけたやん　嫌やわぁ」
と言われた・・・
「何やねん」
と　一応言ったが　思ってはなかった
「すまんなぁ」
思いつめたわけではないが　そう聞こえたと思う
「なにがよ?」
また笑顔だった　そういえば　嫁さんは　思い起こせば　ずっと笑顔だった
笑けるくらいの笑顔
その笑顔に　随分笑わされた　僕が漫才のコンクールで負けた夜　落ち込んでいると　あの笑顔で
「ええやんか」
と言ってくれた　何やろう?　この笑顔は　何処から来るんや?　何故に　僕みたいな　底が抜けたビンのような
人間の横で　ずっとこの笑顔が出来るんやろ?　僕のことが好きなんや　勝手にそう思うことにした　ずっとそう

してきた　今更ながら聞きたくなって
「俺のこと　どう思う?」
もう照れてはいなかった
「手のかかる長男やわぁ」
笑顔は変わらないまんまで言ってくれた
「お母ちゃん…」
「なんやねん!　もう〜」
話を少し戻すことにした
「すまんなぁ　何もしてやれんで…」
「期待してないわぁ」
「いや　誕生日プレゼントやなくて　今までずっと…」
「いや　今までずっと期待してなかった　楽やで　期待しないと」
まだ笑顔は続いていた
「お前のおかげでいい人生になったわぁ」
少し照れたが　思いきって言ってみた　嫁さんの
「さだまさしの歌みたいになってる!」
というツッコミで　照れくさい空気から　小堀家っぽい空気に帰ってきた
僕はいろんなことに安心し　眠りにつくことにした
そんな僕を遮って言った　嫁さんのメイゲン

「ありがとう」

このメイゲンが　僕が聞いた　嫁さんの最後のメイゲンであるといいなぁと思い眠ることにした

こんな30年後を
むかえれたら
いいなぁ

おしまい

撮影　小倉雄一郎（家族写真）、河村正和（表紙）
イラスト　小堀裕之（2丁拳銃）
デザイン　後藤裕二（ティオ）
制作　長谷部安弘
販売　根來大策
宣伝　細川達司
協力　吉本興業
取材・文　山中ゆうき、松井美雪
編集　福田葉子
（小学館　女性メディア局　コンテンツビジネス室）

ヘドロパパのヨメイゲン

クズ夫に放つ嫁の名言&迷言!

2019年11月4日　初版第一刷発行

著者　小堀裕之（2丁拳銃）
発行者　嶋野智紀
発行所　株式会社小学館
〒101-8001　東京都千代田区一ツ橋2-3-1
電話　編集03-3230-9397
販売03-5281-3555
印刷　萩原印刷株式会社
製本　株式会社若林製本工場

Printed in Japan
ISBN 978-4-09-388727-4